인류 문명이 꽃핀 6,400km

실크로드

illustration+storia('역사'의 이탈리아어)의 합성어로,
우리와 세계 모든 이들이 함께 이룩한 역사가 일러스트를 만나 태어난, 알기 쉬운 역사 교양 시리즈입니다.

인류 문명이 꽃핀 6,400km
실크로드

illustoria 007

초판 1쇄 인쇄 2024년 5월 1일
초판 1쇄 발행 2024년 5월 10일
지은이   황동하
그린이   나수은
펴낸이   김연희

펴 낸 곳 그림씨
출판등록   2016년 10월 25일(제406-251002016000136호)
주   소 경기도 파주시 광인사길 217(파주출판도시)
전   화 (031)955-7525
팩   스 (031)955-7469
이 메 일 grimmsi@hanmail.net

ISBN 979-11-89231-55-2 03900

인류 문명이 꽃핀 6,400km

실크로드

황동하 글 · 나수은 그림

그러나 로마 여성들만 비단옷에 열광한 것은 아닙니다.

당시 유명한 정치가 가이우스 율리우스 카이사르(Gaius Julius Caesar, 기원전 100-기원전 44) 역시 극장에 갈 때마다 비단옷을 입었습니다.

그러자 다른 귀족 남성들도 카이사르를 따라 비단옷으로 치장하기 시작했죠.

가이우스 율리우스 카이사르

비단옷이 유행하자 날이 갈수록 로마가 비단옷 수입에 지출하는 돈은 늘어만 갔습니다. 결국 황제 티베리우스 율리우스 카이사르 아우구스투스(Tiberius Julius Caesar Augustus, 기원전 42-37)는 남성의 비단옷 착용을 금지했습니다.

인간을 매혹해 온 것들,
실크로드로 통하다

많은 사람들이 고가 해외 명품을 구입하기 위해, 백화점 문 열기 전부터 줄을 서서 기다린다는 사실을 신문 기사나, 방송 뉴스를 통해 접했던 적이 있을 것입니다.

그런데 2천 년 전에도 명품을 사기 위해 기다리고, 엄청난 돈을 썼다면 믿으실까요?

"멀고 먼 동방의 숲속에서 비단을 수확해 가공한 다음 로마에 수출하였다. 그러자 로마는 비단옷에 매혹되기 시작했다. 그 대가로 로마가 지불한 금액은 엄청났다. 로마 여성들은 이 옷 사는 데 엄청난 돈을 썼다."

로마의 유명한 정치가이자 학자인 가이우스 플리니우스 세쿤두스(Gaius Plinius Secundus, 23–79)가 쓴 《박물지(Naturalis historia)》라는 책에 나오는 대목입니다. 2천 년 전에 이미 로마 사람들은 중국에서 수입한 비단에 열광하였던 셈이죠.

사치품을 좋아하는 풍조는 비단 로마만의 일이 아니었습니다.

신라 흥덕왕(興德王, 777-836, 재위 826-836)은 이런 말을 남겼습니다.

그 무렵 신라에서는 오늘날 캄보디아에서 수입한 숄, 한반도에는 없던 공작새 꼬리, 중앙아시아에서 나는 에메랄드 장식품, 동남아시아에서 수입한 거북이 등껍질 등이 유행했습니다. 모두 외국산 사치품이었죠.

이런 외국산 사치품은 중국을 통해 들어왔습니다. 그러나 알고 보면 중국 물건이 아닌 머나먼 서양, 그리고 중앙아시아의 물건이었습니다.

황남대총은 신라 시대 왕족 무덤으로 보이는데요.

서기 4세기에서 5세기 말에 만든 것으로 추정하며, 신라 최대의 무덤이라서 '황남대총(皇南大塚)'이라고 부릅니다.

국보 제193호, 황남대총 출토 유리병 및 잔.

이 무덤에서 신라에는 없던 유리병과 잔이 출토되었습니다.

그래서 이 유물은 서아시아 또는 유럽에서 들어온 것이 분명합니다. 오래전부터 한반도도 서역(西域)*의 다양한 물건을 사용하고 있었던 셈이죠.

* 중국 서쪽에 있던 여러 나라를 통틀어 이르는 말로, 티베트를 비롯해 중앙아시아가 해당되며 넓게는 인도까지도 해당된다.

그 무렵 중국 당나라 수도 장안(長安, 오늘날 시안)은 세계에서 가장 큰 도시 가운데 하나였습니다.

인구가 100만 명이 넘었는데, 오늘날 시각으로 보면 큰 도시가 아닌 듯하죠. 그러나 아파트도 없고, 자동차도 없으며, 도시 시설도 오늘날과 다른 그 시대에 100만 명을 수용하는 도시는 우리가 상상하기 어려울 만큼 규모가 컸습니다. 세계적으로도 그런 도시는 거의 없었죠.

게다가 장안에는 외국인들도 많이 머무르고 있었습니다.

신라에서도 당나라로 유학 간 인물이 많았습니다. 대표적으로 당나라에서 높은 지위에 올랐으며 귀국 후에는 조정에서 활동한 최치원, 그리고 승려인 의상대사를 들 수 있습니다.

그만큼 당나라는 세계적인 도시였습니다. 외국인들은 자기네 물자와 사상, 종교, 문화도 가지고 들어왔습니다.

당연히 중국인들 역시 외국에서 들어온 사치품을 즐겼습니다.

역사적으로 유명한 당나라 현종의 첩인 양귀비야말로 사치품을 즐긴 대표적인 인물이었습니다.

양귀비

그렇다면 로마가 즐긴 중국 비단옷, 신라인들이 즐긴 장식품, 중국이 즐긴

다양한 사치품들은 어디를 통해 어떻게 오갔을까요?

바로 실크로드(Silk Road)를 통해서였습니다.

실크로드는 '비단길'이라는 뜻으로, 동양과 서양을 연결해 준 방대한

교역로였죠. 그렇다고 오늘날 고속도로처럼 한 줄기 길만을 뜻하지는

않습니다.

학자들은 실크로드가 중요한 도로 외에 여러 작은 갈래 길로 이루어져

있다고 말합니다. 중요한 도로 역시 하나만이 아니었습니다.

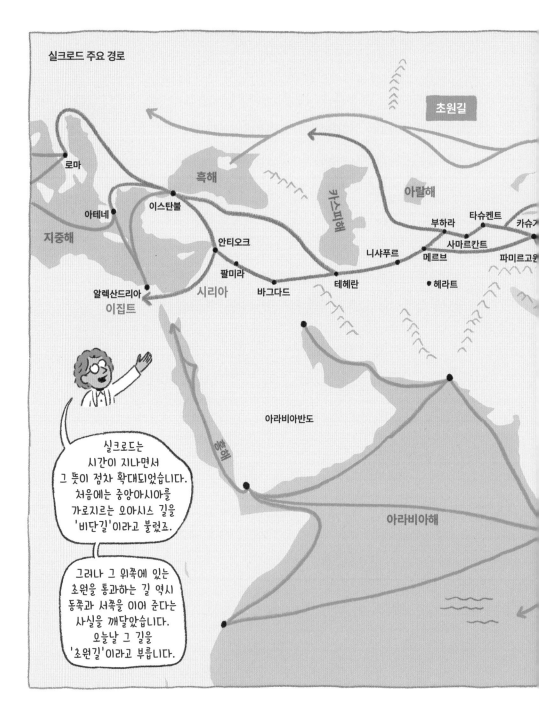

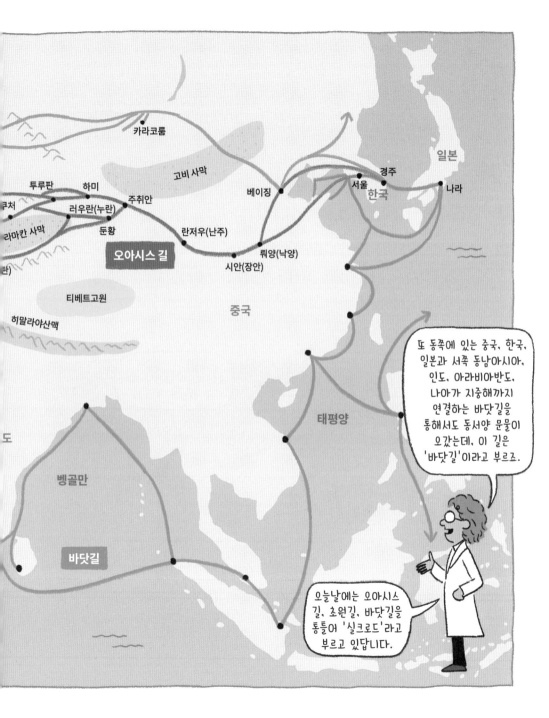

그 가운데 핵심이 되는 길은 '오아시스 길'입니다. 그래서 실크로드라고 하면 일반적으로는 오아시스 길을 가리키죠.

오아시스는 모두 알다시피 '사막 가운데에 샘이 솟아 농사를 지을 수 있으며, 마을이 형성되어 오가는 상인들이 쉴 수 있는 곳'입니다.

사막과 황량한 땅이 대부분인 중앙아시아 지역을 지나기 위해서는 오아시스를 이용하는 것이 필수적이었습니다.

그래서 오아시스를 중심으로 도시가 형성되었고, 그러한 도시와 도시를 연결하는 길이 생겨난 것입니다.

우주에서 촬영한 사막의 오아시스.

이 책에서도 오아시스 길에 대해 살펴볼 것입니다.

일반적으로 실크로드라 불리는 오아시스 길은 크게 세 경로로 나눌 수

있습니다.

동쪽에서 서쪽 끝에 이르는 전 구간 길이는 약 6,400킬로미터이며, 다양한

지리적 환경에 걸쳐 있습니다. 많은 구간이 안정적이지 못한 길이기도

합니다. 그런데도 많은 사람들이 고난을 무릅쓰고 교역을 하고,

문화를 꽃피웠습니다.

2천 년이 훨씬 지난 지금까지도 실크로드를 제쳐놓고 문명사를

설명할 수 없을 정도니까요.

그렇다면, 과연 그 길 위에서 무슨 일이 벌어졌을까요?

어떠한 역사가 전개되었을까요?

그럼, 이제부터 그 시대 상인들을 따라 길을 떠나 볼까요?

19

HERODOTOS

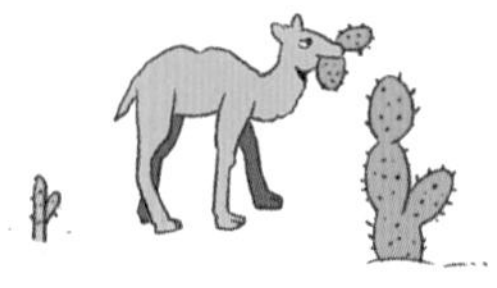

1부

'실크로드'라 불리기 전,
이미 실크로드는
존재했다

실크로드 가는 길

당나라 수도 장안에서 출발해

볼까요?

가장 먼저 만나는 곳이

'하서회랑(河西回廊)'이라는

길입니다. 하서회랑은,

치롄산맥과 북쪽으로 몽골

고비 사막 사이에 있는,

길이 약 1,000킬로미터에 이르는

지역을 말합니다.

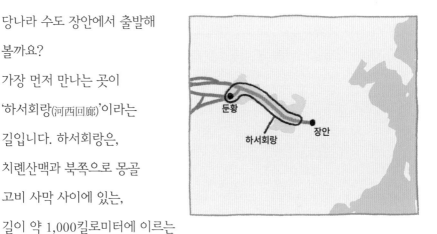

회랑은 줄지어 기둥을 세운 복도를 가리킵니다.

지형이 기둥 사이로 난 좁은 복도와 비슷해서 그런 명칭이 붙었습니다.

하서회랑을 지나면 둔황에 도착합니다. 이곳에서 상인들은 타클라마칸 사막을 건너야 합니다.

위구르어로 '타클라'는 '죽음', '마칸'은 '끝이 없는 넓은 지역'이라는 뜻으로, 타클라마칸 사막은 '들어서면 나갈 수 없는' 지역인 셈입니다. 그만큼 살아 건너기 힘든 험난한 지역이죠.

둔황에서 사람들은 타클라마칸
사막 위쪽의 오아시스 북로로
갈지, 아래쪽의 오아시스 남로로
갈지 결정해야 합니다.

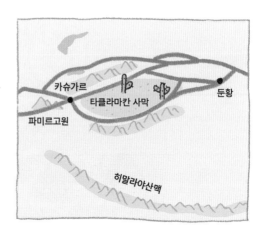

이렇게 사막을 지나오면, 두 길은 카슈가르에서 만납니다.

카슈가르는 오늘날에도 위구르인을 비롯해 17개 소수 민족이 거주할 만큼

국제적 성격을 띤 도시입니다. 그만큼 오래전부터 동서 문물이 만나는 곳,

교역의 중심지였던 셈이죠. 당연히 실크로드의 요충지이기도 합니다.

이곳부터는 세계에서 가장 높은 지역이 펼쳐집니다. 히말라야산맥과

파미르고원을 건너야 하죠.

파미르고원을 넘어서 계속 서쪽으로 가면 중앙아시아에서 가장 오래된 도시 사마르칸트가 나옵니다.

사마르칸트에서 서아시아를 거쳐 로마에 이르는 길고 긴 길은, 동쪽 길에 비해 훨씬 오래전에 형성되었습니다.

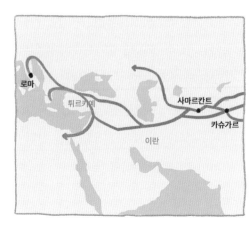

이 지역에는 파미르고원과 히말라야산맥, 타클라마칸 사막 같은 험준한 지형이 없어서, 로마 시대 이전부터 교역이 활발했죠.

헤로도토스(Herodotos, 기원전 484-기원전 425)

실크로드의 어원

그렇다면 이 길을 언제부터, 왜 실크로드라고 부르게 되었을까요?

독일 출신 지리학자 페르디난트 폰 리히트호펜(Ferdinand Von Richthofen, 1833-1905)은 중국에서 중앙아시아와 인도를 거쳐 유럽으로 이어지는 고대 교역로 연구에 몰두했습니다. 그러다 이 길을 통해 거래한 가장 중요한 상품이 '중국산 비단'이라는 사실을 알아 냈죠.

페르디난트 폰 리히트호펜

리히트호펜은 1877년 출간한 저서《중국, 그 여행의 결과와 이를 기초로

한 연구(China, Ergebnisse eigener Reisen und darauf gegründeter Studien)》에서

이 교역로에 '실크로드'라는 명칭을 붙였습니다. 그때부터 이 교역로는

실크로드라고 불리기 시작했습니다. 사실 이 길을 통해 오간 물자와

문화가 비단만은 아니었는데도 말이죠. 그래서 학자 가운데는, 이 길을

'실크로드'라고 부르면 안 된다고 주장하는 사람도 있습니다.

사실 실크로드 외에도 고대에 동양과 서양을 이어 주는 교역로는
더 있었습니다.
앞에서 살펴본 것처럼 실크로드 위쪽으로 지나던 '초원길', 그리고
인도양과 보르네오해, 남중국해로 이어지는 '바닷길'도 고대 교역에서
큰 역할을 하였습니다. 실크로드가 워낙 유명해서 이런 길을 기억하는
사람은 별로 없지만, 이 길들도 매우 중요한 역할을 하였죠.

비단, 로마를 휘감다

그렇다고 해도 비단은 매우 중요한 교역품이었습니다.

동서양 사이에 거래한 교역품 가운데 가장 오래된 상품이 비단이라는

기록이 있으니까요.

중국에서 출발한 비단이, 로마에 오면 값이 백 배로 뛰었습니다. 로마에서

비단은 단순한 사치품이 아니라 권력을 상징하는 물건이었습니다.

기원전 2세기 무렵, 한나라 때 귀족 무덤인 마왕퇴에서 나온 비단 천의 모습.
오늘날에도 보기 힘든 놀라운 수준의 비단을 그 당시 중국에서 생산, 사용하고 있음을 알 수 있다.

게다가 비단은 가볍고 질기고 부드러우면서 색상도 화려했습니다.

비단에 푹 빠진 로마인들 역시 비단을 만들고 싶었습니다.

그러나 어떻게 만드는지, 그 정체가 무엇인지 도저히 알 수 없었죠.

중국에서 비단 제조법 유출을 엄격히 금지했기 때문입니다.

* 아마(亞麻)라는 식물 줄기 껍질로 만든 직물로, 인류 최초의 직물 재료 중 하나이며,
  오늘날 리넨(linen)을 말한나.

로마의 유명한 시인 푸블리우스 베르길리우스 마로(Publius Vergilius Maro, 기원전 70-기원전 19)는 이런 글을 남겼습니다.

"동쪽 사람들은 어떻게
나뭇잎에서 이렇게 가느다란
양털을 뽑아내지?"

나뭇잎을 빗질해서 비단실을
만든다고 착각한 것이죠. 그렇게
해서 중국 특산품 비단은 서양의
보물이 되었습니다.

서양 사람들이 비단의 비밀을 알게 된 것은 6세기 중반에
이르러서였습니다. 그러나 누에고치에서 비단실을 뽑는다는 사실을 안
후에도, 고급 비단옷을 만들기까지는 더 오랜 세월이 필요했습니다.
그러니 리히트호펜이 '실크로드'라는 명칭을 사용한 것도 무리는 아니었죠.

만리장성이 실크로드를 뚫다?

만리장성을 모르는 분은 없을 겁니다. 직선 길이가 3,000킬로미터 가까운 만리장성의 실제 성벽 길이는 6,000킬로미터가 넘습니다. 십 리가 약 4킬로미터니까, 만오천 리에 달하는 엄청난 길이죠.

만리장성이 처음 선을 보인 것은 중국 최초의 통일국가인 진(秦)나라 때입니다. 그 전에도 중국 여러 지역에서는 북방 흉노족의 침략을 막기 위해 성을 쌓았습니다. 그러나 여러 나라로 나뉘어 있었기 때문에 성이 연결된 상태는 아니었죠.

그 후 중국을 통일한 진시황(秦始皇, 기원전 259-기원전 210, 재위 기원전 246-기원전 210)은 이 성들을 하나로 길게 연결하였습니다. 이것이 만리장성의 출발입니다.

더 이상 흉노에게 쩔쩔매는 일은 없을 거요!

진시황

진시황은 중국을 통일한 지 십여 년 만에 세상을 떠났습니다. 그 후
유방(劉邦)과 항우(項羽)가 중국을 놓고 승부를 벌인 끝에 유방이 승리하여,
한(漢)나라를 세웠죠.

한나라 황제에 오른 유방(한고조(漢高祖)*, 기원전 247~기원전 195, 재위 기원전
202~기원전 195) 역시 흉노의 침략으로 고통을 받습니다. 흉노 정복에
나섰다가 포위되어 구사일생으로 살아날 정도였으니까요.

그 후 한고조는 왕실의 여자를 흉노족에게 시집보내고 매년 옷과 음식을
보내는 등 화친조약(和親條約)**을 맺어야 했습니다. 흉노족을 제압할 힘이
없으니 어쩔 수 없었던 것이죠.

한고조 유방

---

*　고조는 건국자에게 붙는 묘호이다. 묘호란 왕이나 황제가 죽은 뒤 그 공덕을 기리어 붙인
　호칭을 말한다. 세종, 태종 등이 모두 묘호이다.
**　화친, 즉 나라와 나라 사이에 다툼 없이 지내고자 체결하는 국제 조약.

흥노족

그러다 기원전 141년, 한나라 7대 황제인 무제(武帝, 기원전 156-기원전 87,

재위 기원전 141-기원전 87)가 즉위합니다. 무제는 흉노를 제압하기 위해 다른

방법을 찾습니다.

이른바 이이제이(以夷制夷)* 전법을 세운 것이죠.

*   오랑캐를 이용해 오랑캐를 물리치는 전략.

무제는 장건(張騫, ? −기원전 114)이라는 인물을 대월지국에

사신으로 파견합니다.

대월지국은 본래 몽골 주변에 있던 월지국을 가리킵니다. 흉노족에게 쫓겨

서쪽으로 이주한 후 나라 이름을 바꾸었죠.

무제는, 대월지국이 흉노족에게 쫓겨난 원한을 품고 있으리라

판단했습니다. 그래서 장건을 파견해 함께 흉노족을 공격하자고

설득하려 했습니다.

그러나 장건은 대월지국에 닿기도 전에 흉노족에게 잡혀 십여 년 동안

포로 생활을 해야 했습니다. 그러다 가까스로 탈출해 대월지국에 도착해

무제의 제안을 전했습니다.

하지만 대월지국은 그 무렵 비옥한 오아시스 지역을 거점으로 평화롭게

살아가고 있었죠. 그들은 무제의 제안을 거절했고, 장건은 빈손으로

돌아올 수밖에 없었습니다.

장건

한나라로 돌아온 장건은 임무를 완수하지는 못했습니다. 그 대신 자신이 다녀온 서쪽 지방에 대한 상세한 보고서를 작성하여 무제에게 올렸습니다. 무제는 자신이 잘 몰랐던 새로운 지방에 대한 정보를 가져온 장건에게 후한 상을 내렸습니다.

그때부터 중국은 서쪽 나라들에 대해 상세히 알게 되었고, 그들과 어떻게 교류할 것인지 궁리하기 시작했습니다. 드디어 실크로드가 열리기 시작한 것이죠.

지도를 보면 알 수 있듯이 장건이 다녀온 길이 실크로드의 토대가 되었습니다. 그는 어설픈 사신이었지만, 역사적 인물이기도 한 셈이죠.

한편 무제는, 강력한 무력을 바탕으로 한나라 영토를 넓힌 것으로
유명합니다.

한반도 침략에 나서 고조선을 멸망시키고, 한사군을 설치한 것도
그때였습니다.

그렇게 강력한 힘을 가지고 있던 한나라는, 대월지국이 동참하지 않았어도
계속 흉노족을 압박했습니다. 결국 흉노족은 북쪽으로 후퇴할 수밖에
없었죠.

무제가 사망한 후에도 한나라 황제들은 흉노 공략을 중단하지 않았고,
결국 3세기 초, 흉노족은 사라지고 맙니다.

흉노족의 힘이 약해지자 한나라는 이 지역에 요새를 세워, 서쪽 지방과의 교역로를 보호하기 시작했습니다. 이렇게 한나라의 세력 아래 새롭게 놓인 지역과 그로부터 더 서쪽 지역을 가리켜 '서역(西域)'이라고 부릅니다. 서역은 '서쪽 지역'이라는 뜻입니다. 오늘날 중국 서쪽에 있는 신장 웨이우얼, 티베트 자치구와 중앙아시아 등을 가리키며, 더 넓게는 인도까지도 포함합니다.

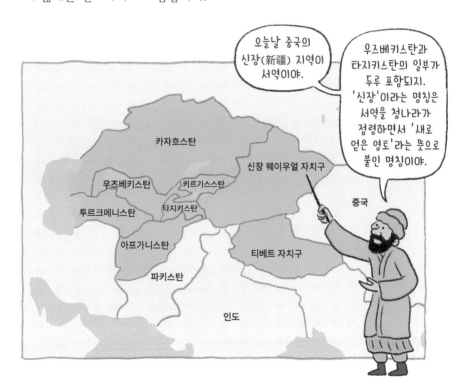

서역을 자신들의 영향력 아래 둔 한나라는 이때부터 본격적으로 서역,
나아가 아랍 및 유럽과의 교역에 나섭니다. 그리고 교역을 위해 이전에
있던 여러 길을 정비했죠. 좁은 길은 넓히고, 없는 길은 새로 내며, 위험한
길은 안전한 곳으로 연결하였습니다.
그렇게 탄생한 것이 오늘날 '실크로드'라고 부르는 길입니다.

2부

실크로드,
길 위의 역사와
사람들

교통수단

사막과 황량한 초원, 산맥을 넘나들면서 머나먼 길을 오가기란 쉽지
않습니다. 더욱이 교역할 물자를 가지고 수천 킬로미터를 오가는 것은
오늘날도 어려운 일이죠.

그런데 지금으로부터 2천 년 전에 상인들은 도대체 어떻게 이 어려운 일을
해냈을까요?

바로 낙타 덕분이었습니다.

그렇다면 어떻게 낙타는 '사막을 건너는 배'가 될 수 있었을까요?
낙타는 물을 마시지 않고도 길게는 2주일을 버팁니다. 아무리 더운
사막에서도 며칠을 물 한 방울 안 마시고 살 수 있죠.
게다가 모래바람이 몰아쳐도, 사람과 짐을 싣고 앞을 향해 걸을 수
있습니다. 사람은 물론 다른 동물은 상상도 할 수 없는 일이죠.

저는 혹이 하나예요.
중동 지방과 아프리카,
호주 등지에 살죠.
그래서 실크로드를
걸어갈 일은 없답니다.

전 혹이 두개예요.
멋지죠? 제가 바로
실크로드를 걷는 낙타랍니다.
하지만, 오늘날 야생에선
저를 찾아보기 힘들죠.

그뿐이 아닙니다.

낙타가 실크로드의 주인공이 될 수 있었던 데는 또 다른 이유가 있습니다.

실크로드처럼 먼 길을 오가면서, 동물이 먹을 사료까지 챙겨야 하는 건
어려운 일입니다. 그러나 낙타는 많은 사료가 필요 없습니다. 스스로 온갖
식물을 찾아 먹으니까요.

또 낙타는 다리가 무척 길어 몸통이 땅에서 멀리 떨어져 있습니다. 뜨거운
사막에서 열기를 피하기 좋은 신체 조건을 갖춘 셈이죠.

게다가 모래 폭풍을 미리 감지하고, 수맥, 즉 물길이 어디로 흐르는지
찾아내는 능력도 있습니다.

마지막으로 가장 중요한 능력이라 할 수 있는 것은, 200-300킬로그램의
짐을 싣고 하루에 30-40킬로미터를 걸을 수 있습니다.

이 정도 되면, 아무리 뛰어난 첨단 자동차도 사막에서는 낙타를 따르지
못할 것입니다.

교역품과 문물

동쪽에서 서쪽으로 간 대표적인 물자는 비단과 도자기였습니다.

오늘날 도자기를 영어로 '차이나(china)' 또는 '본차이나(bone china)'[*] 라고

부르는 것만 보아도, 서양에서 중국 도자기가 얼마나 귀한 물건이었는지

알 수 있습니다.

중국인들이 가장 귀한 물건으로 여기는 옥(玉)을 비롯한 보석 역시

마찬가지였습니다.

중국에서 나는 차와 소금 역시 널리 퍼져 나갔습니다.

반대로 호박(琥珀)을 비롯한 다양한 보석들, 향료, 모피, 유리, 상아, 산호,

양탄자 등 또 다른 물건들이 서쪽에서 동쪽으로 들어왔습니다.

[*] 동물 뼈를 태운 가루를 섞어 만든 고급 도자기.

동식물 역시 실크로드를 통해 오갔습니다.

타조, 코끼리, 말, 매, 낙타 등이 모두 이 길을 통해 오갔습니다.

식물 가운데는 호두를 포함한 견과류, 계피, 대황, 포도, 사과, 살구, 석류, 수박, 마늘, 참깨, 후추, 완두콩, 당근, 오이 등이 이 길을 통해 널리 퍼져 나갔습니다.

그러나 이 길을 통해 반드시 인간에게 이로운 것만 오고 가지 않았죠.

대표적인 것이 병균이었습니다. 동쪽에 있던 병균은 서쪽으로 흘러갔고, 서쪽 병균 역시 동쪽 사람들에게 퍼졌습니다. 이곳저곳에서 낯선 병균들로 인해 많은 사람이 목숨을 잃었을 것입니다.

병균이 오간다고 해서 무조건 나쁜 것만은 아니었습니다. 그런 희생자들 덕분에, 주민들은 여러 병균에 대해 차차 면역력을 갖게 되었습니다.
이런 과정을 거치지 않았다면 어떻게 되었을까요?
15세기 말, 유럽인들이 처음 아메리카 대륙에 상륙한 후 수많은 중남미 주민들이 목숨을 잃었습니다.
잔학한 학살을 일삼은 유럽 침략자들 때문이기도 하지만, 태어나서 처음 접하는 천연두, 페스트 같은 병균으로 인해 대부분 주민들이 사망했습니다.
그러니 오늘날 우리가 낯선 곳을 여행해도 건강하게 지낼 수 있는 건 실크로드 덕분인지도 모릅니다.

그러나 무엇보다 중요한 교역품은 문화였습니다.

물자는 사용하면 그만이지만, 문화는 그 지역에 뿌리내리고 살아가는
수많은 사람들의 삶과 역사를 완전히 바꾸어 놓는 것이니까요.

대표적인 것이 종교였습니다.

불교, 이슬람교, 경교*, 조로아스터교**, 마니교*** 같은 다양한 종교가
실크로드를 통해 퍼져 나갔습니다.

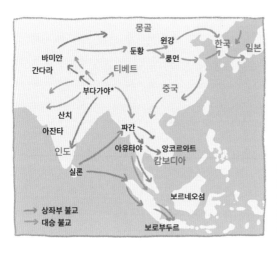

불교의 탄생과 전파 경로를
보면 알 수 있듯이, 실크로드는
교역뿐 아니라 종교의 전파
경로이기도 했다.
* 기원전 6세기, 불교 발생

---

*	시리아 출신 수도사 네스토리우스가 주장한 기독교의 한 일파.
***	고대 페르시아에서 유래한 종교로, 예언자 조로아스터를 신봉한다.
***	페르시아에서 마니가 창시한 종교로, 기독교와 조로아스터교에 뿌리를 두고 있다.

마르코 폴로 여행 경로.

베네치아
콘스탄티노플
예루살렘
호르무즈
파미르고원
파간
상두
대도
(베이징)
양저우
취안저우

불교가 중국으로 전파된 다음에는, 중국의 현장법사 같은 승려들이 다시 실크로드를 걸어 인도로 들어갔습니다. 부처님의 가르침인 경전을 구하기 위해서였죠.

그 후에는 기독교를 전파하고자, 서양 선교사들이 이 길을 통해 중국으로 들어갔습니다. 또 마르코 폴로(Marco Polo, 1254-1324)나 이븐 바투타(Ibn Battūtah, 1304-1368) 같은 상인이자 여행가들이 오갔습니다. 훗날 이들은 《동방견문록》, 《이븐 바투타 여행기》라는 책을 남기기도 했습니다.

내가 17년 동안 중국에 있었는데, 이건 당연히 기록으로 남겨야 하지 않겠어?

마르코 폴로

마르코 폴로는 이탈리아 베네치아 출신으로, 세계 곳곳을 다녔습니다.

상인이었던 아버지처럼, 장사로 돈을 많이 벌기 위해서였죠.

아버지와 삼촌을 따라 중국 원나라까지 가게 되었고, 그곳에서 원나라

황제 쿠빌라이 칸의 총애를 받아 무려 17년 동안 머무르면서 벼슬에도

오르고 중국의 여러 도시를 비롯해 베트남 등 다른 나라에 사신으로도

다녀왔습니다. 그러다 1295년이 되어서야 비로소 베네치아로 돌아왔죠.

그 후 베네치아와 제노바 사이에 전쟁이 벌어졌고, 그때 포로로 잡혀

감옥에 갇혔습니다.

감옥에서 루스티켈로 다 피사라는 작가에게 자신이 보고 경험한

동방 여행 이야기를 해 주었고, 그 이야기를 듣고 기록한 책이 바로

《동방견문록》입니다.

《동방견문록》의 한 페이지.

콜럼버스가 동방견문록을
읽고 항해에 나섰다는
사실 알고 있나? 그러니
난 역사에 길이 남을
위대한 인물이지.

인도의 불교와 그리스 문화가
만나 탄생한 '간다라 미술' 역시
실크로드의 산물이었습니다.

나는 인도 출신인데,
옷차림이랑 모습이
꼭 로마 사람 같지 않아?
이게 다 실크로드를 타고
들어온 그리스 문화의
영향 탓이라니까!

간다라 양식으로 만든 석가여래입상.

간다라는 오늘날 파키스탄 서북부, 인더스강 상류에 있는 페샤와르 지역의 옛 이름입니다. 기원전 4세기, 알렉산드로스 대왕의 동방 원정 이후, 이곳에 그리스 문화가 자리 잡기 시작했죠. 그 이후 흉노에 쫓긴 월지족의 한 부족이 간다라 지역을 포함해 북인도까지 쿠샨왕조를 건설하고, 불교를 부흥시킵니다. 이때 불교 문화

부처와 함께 그를 보호하는 수호자로 헤라클레스를 묘사했다.

발달과 함께 간다라 미술이 탄생한 것입니다.

불상 역시 간다라에서 처음 만들기 시작했습니다. 부처의 얼굴을 살펴보면 그리스 로마신화에 나오는 신들의 모습과 닮은 것을 알 수 있죠.

간다라 미술은 인도 본토는 물론 중앙아시아를 거쳐 중국·한국·일본에까지 전파되었습니다.

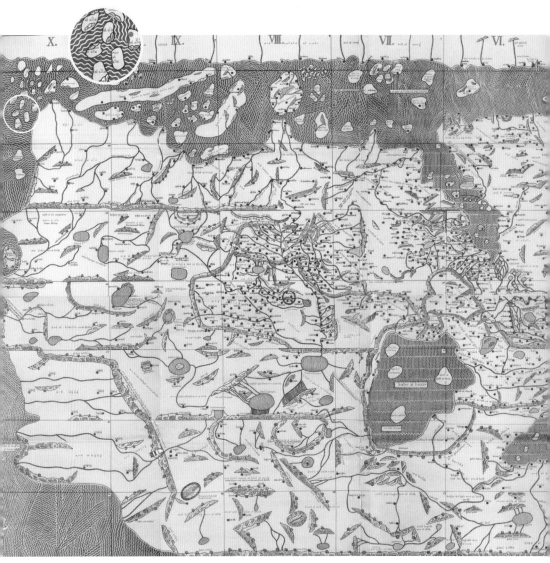

중세 아랍 지리학자 알 이드리시가 만든 〈알 이드리시 세계지도〉(1154).
왼쪽 상단에 신라로 추정되는 나라가 표기돼 있다.

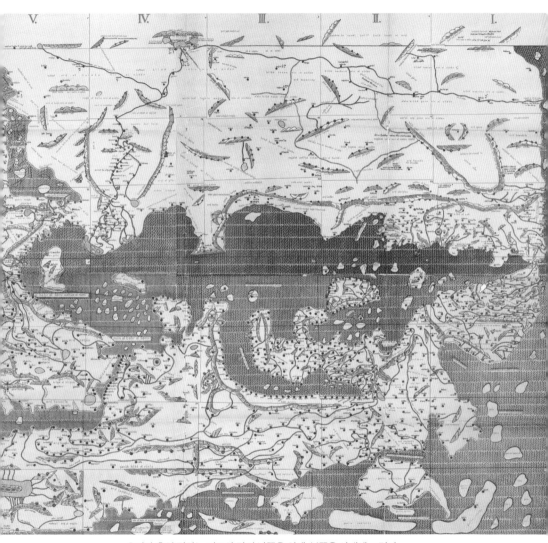

우리가 흔히 접하는 지도와 달리 남쪽을 위에, 북쪽을 아래에 그렸다.
신라가 왼쪽 맨 위에 있는 것도 그 때문이다.
위 그림을 오늘날 지도처럼 보려면 책을 거꾸로 놓고 보자.

아랍 출신인 알 이드리시(Abū Abd allāh Muhammad al-Idrīsī, 1100-1166)는
자신의 책에서, 중국 배들이 도자기, 비단을 비롯해 여러 물자를 실어
날랐다고 적었습니다.
또 신라라는 나라에는 금이 흔해서 개 사슬도 금으로 만든다고
기록했습니다. 신라가 서양 역사에 처음 등장한 것이죠.

또 고구려 수산리 고분벽화에는 나무다리를 이용해 걷는 모습, 바퀴를
위로 던져 받는 묘기, 막대기 세 개를 이용해 재주를 부리는 모습이
등장합니다. 이는 실크로드를 따라 중국에 들어온 곡예사들이 분명한데,
섬나라 일본까지 전한다고 합니다.
이처럼 고대에서 중세에 이르는 동안, 실크로드를 통해 동양과 서양
사이에 다양한 문화 교류가 이어졌습니다.

수산리 고분벽화에 나무다리 걷기, 바퀴 던져 받기, 막대기를 이용한 묘기를 부리는 모습이
등장하는데, 이런 묘기는 서쪽 지방에서 중국으로 온 사람들이 부린 것으로 추정하고 있다.

교역의 주역, 소그드인

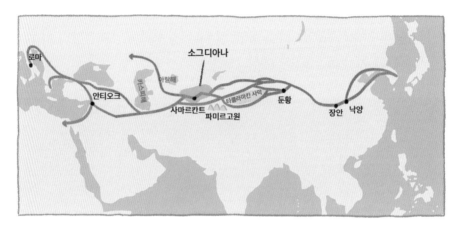

실크로드를 통해 교역을 한 사람들은 다양했습니다.

그 가운데서 소그디아나에 거주하던 소그드인이 가장 유명합니다.

그 무렵 그들의 거주지 주변으로 실크로드가 생기면서 중국, 인도, 로마

등에서 다양한 민족이 오가기 시작했습니다.

소그드인들은 다른 민족들 사이에 충돌이 일어날 때, 또 자신들이

거주하던 곳에 눈독을 들인 강대국들 탓에 늘 어려움을 겪어야 했습니다.

그 틈에서 살아남기 위해 그들은 탁월한 외교 능력을 갖게 되었죠.

강한 세력들 사이에서 평화를 유지하면서 살기 위해서는 외교가

중요했으니까요.

다양한 민족의 언어를 접하면서, 뛰어난 언어능력도 갖출 수 있었습니다.

외교술과 언어능력을 갖춘 그들은 자연스럽게 사업 수완을 발휘하기

시작했습니다.

*   동물의 가죽·힘줄·창자·뼈 등을 고아 그 액체를 고형화한 점착성 물질.
**   남의 비위에 맞도록 듣기 좋게 꾸미어 하는 말.

그렇게 탁월한 능력을 갖춘 소그드인들도 8세기 중반부터 이 지역으로

진출한 이슬람 세력 앞에서는 어쩔 수 없었습니다.

결국 그들은 역사 속으로 사라지고 맙니다.

그러나 오늘날에도 실크로드 주변에서는, 그들이 발휘한

사업 수완을 보여 주는 유물이 많이 발견되고 있습니다.

나는 소그드인이야.
이건 내가 낙타
탄 모습으로 만든
당나라의 자기(瓷器)
작품이지.

소그드인은 이란계
민족인데, 부리부리한
눈과 높은 콧대를
가지고 있습니다.

그들은 실크로드를
오가며 동쪽 끝까지
영향력을 행사했습니다.
많은 물자가 그들이 이끄는
낙타에 실려 이동했죠.

신라 시대 향가인
〈처용가〉에 등장하는
처용이 소그드인이라는 말도
있답니다. 처용 탈을 보면
우리 민족의 생김새와는
사뭇 다르거든요.

처용 탈.

내가 어딜 봐서
한반도 사람이야?
나는 소그드인이
분명해. 흐흐!

나야말로 서쪽에서
온 무사야. 보기만 해도
무섭지 않아? 그러니
내게 왕릉을 지키는
임무를 맡겼겠지.

또 통일신라
제38대 왕인 원성왕릉
앞에도 외국인으로 보이는
석상이 서 있습니다.
이 사람 역시
소그드인이거나
아라비아에서 온
사람일 것입니다.

원성왕릉 석상.

실크로드가 사라지다

실크로드를 통해 수많은 사람과 물자, 문화가 오가자, 당연히
그 길 위에 있는 오아시스를 중심으로 도시들이 번창하였습니다.
메르브는 그 무렵 세계에서 가장 큰 도시 가운데 하나였습니다.
지금은 그 도시 이름을 아는 사람도 거의 없지만 말이죠.
또 신라의 유명한 승려 혜초가 인도에 다녀온 후 남긴 기행문
《왕오천축국전》에 나오는 니샤푸르 역시 실크로드에 있는 큰
도시였습니다. 그 외에도 발흐, 헤라트, 쿠차, 투루판, 카슈가르 같은
도시들이 실크로드 곳곳에 자리하고 있었습니다.
그런데 오늘날 그 도시들을 아는 사람은 거의 없습니다. 왜 그럴까요?

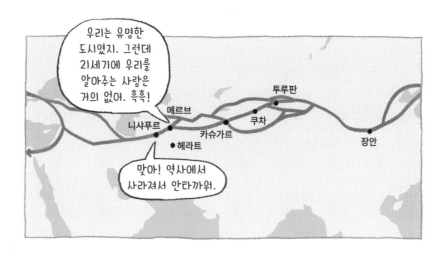

가장 먼저 몽골의 침략을 들 수 있습니다. 동쪽 몽골 지방에서 일어나

중국까지 정복한 몽골은, 이후 서쪽으로 번개처럼 달려 수많은 도시를

점령하고 파괴했습니다. 그런 후 유럽까지 정복하였죠.

지금도 유럽 역사는, 가장 두려운

정복자는 몽골 군대라고

기억합니다.

칭기즈 칸(1162-1227, 재위 1206-1227)

도시를 삼킨 또 다른 존재는 바람이었습니다.

"카라부란이여, 아 공포의 검은 폭풍이여!
나의 고향을 빼앗고 나의 고향을 파묻고
내 사랑하는 가족을 뿔뿔이 흩어지게 만든
아, 카라부란이여
너의 검은 마수에 온 누라가 사막이 되었구나
아름다운 내 고향이여,
언제나 다시 볼 수 있으랴"

오늘날 중국 신장 웨이우얼 자치구에서 살아가는 위구르인이 오래전부터
부르던 〈카라부란의 노래〉입니다.
카라부란은 흑폭풍(黑暴風), 즉 '검은 폭풍'이라는 뜻입니다.
위구르인들은 타클라마칸 사막에서 부는 검은 모래 폭풍을
'카라부란'이라고 불렀습니다.
자그마치 300미터에 달하는 피라미드 모양의 모래 언덕을 쌓을 만큼
강력한 모래 폭풍은 사막을 옮겨 놓을 정도였죠.
그래서 그들은 이를 '움직이는 사막'이라고 불렀습니다.
지진 역시 실크로드를 따라 형성된 도시를 파괴하는 데 힘을 보탰습니다.
그렇게 수많은 도시들이 역사
속으로 사라져 갔습니다.
그리고 오아시스 도시들이 품고
있던 유적과 유물 역시 모래 속에
파묻혔습니다.

카라부란이 삼켜 버린
도시만 해도 300개 정도야.
얼마나 무서운지 알겠지?

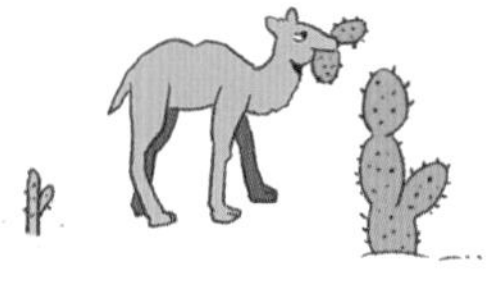

3부

사라진 실크로드의
대탐험 열풍

유물 발굴 대경쟁

도시들이 사라진 지 수백 년이 흘렀습니다.

이제 그 지역에 거주하는 사람들은 눈에 띄게 줄었죠.

그러자 옛 도시들을 둘러싼 전설과 이야기들이 생겨났습니다.

사라진 도시에 금은보화가 묻혀 있다는 이야기였죠.

그렇지만 폐허 속으로 들어갔다가는 신의 노여움을 사, 살아나오지

못한다는 말도 덧붙였습니다.

사람들은 금은보화를 얻고 싶었지만, 섣불리 나섰다가 신의 노여움을 살까

두려움에 떨었습니다.

그러나 모두가 두려움에 떤 것은 아니었습니다.

19세기가 끝나갈 무렵, 용기 있는 사람들이 유물 찾기에 나섰습니다.

그들은 '원주민 유물 사냥꾼'이라고 불렸지만, 아랑곳하지 않고 모래
속에서 유물 찾기에 나섰습니다. 그러다 별 쓸모가 없어 보이는
자작나무 껍질 무더기를 발견했습니다.

동인도회사 소속 영국군 중위인 해밀턴 바우어는 원주민에게 받은
그 껍질을 벵골아시아협회* 의장인 제임스 워터하우스 대령에게
전달했습니다.

*   1784년, 인도에서 영국의 통치권을 강화하고, 인도를 포함한 아시아 연구를 체계화하기
    위해 세운 협회다. 지금은 '아시아 학회(The Asiatic Society)'로 명칭이 변경되었다.

〈바우어 필사본(*Bower Manuscript*)〉.
문서를 구입한 사람의 이름을 따 '바우어 필사본'이라 명명했으며, 의술, 점술에 관한 내용과 함께
인도에서 믿던 힌두교 신 이야기, 뱀에 물렸을 때 외우는 경전에 관한 것 등이 담겨 있다.

벵골아시아협회에서는 이 껍질을 면밀히 살펴본 결과, 5세기 무렵 인도의
불교 승려가 산스크리트어*로 쓴 문서임을 밝혀냈습니다.

인도에서 발견한 가장 오래된 문서 가운데 하나였던 것이죠.

이 필사본에는 다양한 지역의 다양한 내용이 포함되어 있습니다.

그래서 인도, 중국, 그리고 중앙아시아 여러 지역 사이에서 다양한 사상과

문화가 교류되고 있었음을 보여 주는 중요한 자료로 인정받고 있습니다.

지금은 영국 옥스퍼드대학교 보들리안 도서관이 소장하고 있습니다.

---

* 인도의 고전어로, 힌두교·대승불교·자이나교 경전의 언어이다. 언어학상으로는
   인도·이란어파에 속한다.

그런데 〈바우어 필사본〉이 세상에 모습을 드러내자 예상하지 못한 일이
벌어졌습니다.
중앙아시아에 보물이 묻혀 있다는 소문이 전 세계에 퍼지기 시작한
것입니다.
그 소문을 듣고 19세기 말부터 20세기에 접어들면서 많은 사람이
이 지역으로 몰려들었습니다.

스웨덴 지리학자, 스벤 헤딘

첫 번째로 살펴볼 인물은 스웨덴
출신 지리학자이자 사진가, 탐험가인
스벤 헤딘(Sven Anders Hedin, 1865-
1952)입니다.

네 차례에 걸쳐 중앙아시아 지역
조사에 나선 그는 누란 유적지를
발견한 것으로 유명합니다.

누란은 실크로드 남쪽 길을 이용해 서역으로 가는 첫 관문이자 교통
요충지였습니다.

그는 4세기 무렵 사라진 누란 왕국 유적지에서 목간* 120점, 비단 조각 등 많은 유물을 발견한 후, 소지한 채 고국으로 돌아갔습니다. 그 외에도 티베트, 몽골, 신장 등지에서 많은 유물을 발견하였는데, 오늘날 스웨덴 곳곳에 그가 수집한 유물이 보관되어 있습니다.

스벤 헤딘

---
*   나무 조각에 새긴 글.

영국 고고학자, 오렐 스타인

헝가리 출신 영국 고고학자인 오렐
스타인(Sir Aurel Mark Stein, 1862~1943)
역시 중앙아시아 탐험에 관심을
기울였습니다.

그는 1905년부터 몇 차례에 걸쳐
중앙아시아와 서남아시아 탐험에
나섰죠. 그 가운데 가장 중요한 것이
두 번째 중앙아시아 탐험이었습니다.

둔황에 도착한 스타인은 왕(왕위안루)도사가 관리하는
'둔황 천불동(千佛洞)'에 엄청난 양의 고문서가 보관되어 있다는 말을
들었습니다.

둔황 천불동을 상징하는 제 96호굴. 현재 유네스코 세계유산으로 등재되어 있다.

천불동은 석굴 수가 천 개에 달해 붙은 이름이며, 승려나 수행자들이 둔황 명사산에 굴을 뚫어 그 안에서 불상을 만들고 벽화를 그린 곳입니다. 이러한 행위는 4세기부터 14세기까지 천 년 동안 이어졌으며, 벽화와 불상이 있는 굴만 492개에 달한다고 합니다. 이뿐만 아니라 경전과 문서 등 다양한 유물이 보관되어 있었습니다.

그는 중국의 고승 현장법사를 존경하는 제자로 위장한 뒤, 이곳을 관리하고 있는 왕도사의 환심을 샀습니다. 며칠 뒤 스타인의 태도에 감동한 왕도사는 수많은 유물의 보관 장소를 보여 주었습니다. 이 틈을 놓치지 않은 스타인은 수천 점의 문서를 가지고 그곳을 탈출하였습니다. 그때 스타인이 왕도사에게 지불한 금액은 고작 130파운드였습니다.

오렐 스타인

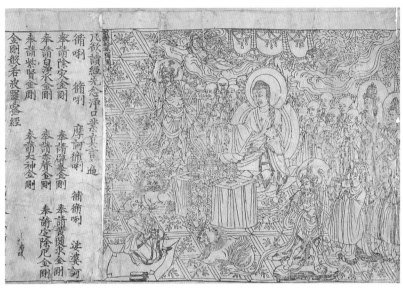

금강경.

프랑스 고고학자, 폴 펠리오

오렐 스타인은 중국어를 비롯해 산스크리트어 등 그곳 언어를
잘 몰랐습니다. 그래서 산더미처럼 쌓인 문서를 닥치는 대로 싣고 떠났죠.

한편 이 소식을 들은 또 한 사람은,
안타까워하면서도 자신 역시 뭔가를 얻을
수 있으리라 믿었습니다.

프랑스 출신 고고학자인 폴 펠리오(Paul
Pelliot, 1878-1945)는 중국어뿐 아니라
중앙아시아 언어에 능통했습니다.

그는 오렐 스타인이 만난 왕도사를
찾아갔습니다. 그리고 그 역시 왕도사에게
얼마 되지 않는 돈을 안겨 준 대가로
문서를 쌓은 방에 들어갈 수 있었죠.

장경동(천불동 제17굴) 안에서 고문서를
선별하고 있는 펠리오.

언어에 능통했던 그는 스타인과는 달리 소중한 자료를 찾을 수 있었고,

수천 권의 경전과 불화를 열 대에 이르는 트럭에 실은 후 돌아갔습니다.

펠리오가 가지고 간 자료 가운데는 혜초가 쓴 《왕오천축국전》도 포함되어

있었습니다. 그 책 역시 인류의 문화유산으로 인정받으며,

오늘날 파리 국립도서관이 소장하고 있습니다.

독일 동양학자, 알베르트 폰 르코크

그 가운데서도 독일 출신 알베르트 폰 르코크(Albert von Le Coq, 1860~1930)는 가장 놀라운 일을 저질렀습니다. 독일 투루판(중국 신장 지역) 탐험대와 함께 중앙아시아를 찾은 르코크는 카라호자에 머물면서 베제클리크[*] 석굴을 비롯한 유적을 탐험하였습니다.

그런데 그 석굴 벽에는 놀라운 벽화가 있었죠. 최초의 마니교 관련 경전과 벽화, 경교 벽화, 그리고 다양한 불교 관련 벽화였습니다.

페르시아에서 태동한 마니교는 종교 박해가 심해지자 실크로드를 따라 카라호자까지 들어오게 됐습니다. 박해로 인해 다른 지역에서는 마니교의 유물이 대부분 자취를 감췄고, 주로 카라호자에 남아 있었습니다.

[*] 위구르어로 '그림이 있는 곳'이란 뜻이다.

벽화를 발견한 탐험대는 한눈에도 대단한 보물임을 직감했습니다.

그러나 벽화를 가져갈 수는 없었습니다.

탐험대원들은 말했습니다.

알베르트
폰 르코크

이 벽화를 그대로
그리고 치수를 정확히
잰 다음 고국에 돌아가
그대로 재현하시지요.

그보다
더 좋은 방법이 있소.
통째로 떼 가는 건
어떻습니까?

르코크는 모두의 주장을 물리치고 벽화를 톱으로 자르고 떼어 내는 만행을
저질렀습니다. 같은 탐험대원들조차 말렸는데도 말이죠. 이 유물은
오늘날 실크로드가 낳은 최고의 유물로 평가받고 있습니다.
그 외에도 그는 수많은 조각상과 자료를 수집한 후 독일로 가져갔습니다.
그러나 그가 가져간 유물들의 운명은 순탄치 않았습니다.

르코크가 석굴에서 떼어 낸 두 승려 벽화와 부처 벽화.

독일로 가져간 유물들.

로코크가 약탈해 간
유물들은 베를린 민족학박물관에
보관했는데, 제2차 세계대전
때 폭격을 받아 절반 이상이
파괴되었습니다.

인류의 문화유산이
약탈과 폭격으로 사라진 것이죠.
오늘날 전하는 유물들은
그때 살아남은 것들이고,
독일 여러 곳에 분산되어
보관하고 있답니다.

미국 동양학자, 랭던 워너

미국인 랭던 워너(Langdon Warner, 1881~1955) 역시 르코크에
못지않았습니다.

미국이 중앙아시아 탐험에 나섰을 때는, 이미 여러 나라가 그곳을 휩쓸고
간 후였습니다. 그러다 보니 가져갈 유물이 별로 없었죠.
그러나 하버드대 부설 포그 박물관은, 워너에게 실크로드 유물이
필요하다고 부탁했습니다. 하버드대의 지원을 받은 워너는 둔황으로
향했습니다. 도착해 보니 남은 유물은 오직 석벽에 붙어 있는
벽화뿐이었고, 당연히 돌에 붙어 있는 벽화를 가져갈 수는 없는
노릇이었습니다.
하지만 랭던은 하버드대학을 위해
놀라운 방법을 생각해 냈습니다.
붙어 있던 벽화에 아교를 먹인 천을
붙여 떼어 내기로 한 것이죠.

사람들이 그러더군.
영화 〈인디애나 존스〉가
나를 모델로 했다고 말이야.
꼭 그런 건 아니지만,
내 멋진 모습을 보면 그렇게
오해할 수도 있겠지.
허허.

랭던 워너

그렇게 해서 꽤 많은 양의 벽화를 가져갈 수 있었습니다. 훗날 이를 가져다 복원시키고자 했으나 파괴된 부분은 복원이 불가능했습니다.

그 외에도 불상 하나를 떼 갔고, 오늘날 하버드대학교 포그 박물관에 전시하고 있습니다.

내가 불상을 가져갈 때, 중국인 인부들과 기념사진도 찍었지.

모두 내가 훌륭한 일을 한다고 여긴 게 아니겠어? 왜 나만 갖고 그래?

불상을 놓고 인부들과 함께 찍은 사진.

우리 조상들은 이런 상황을 모르셨을 게 분명해요. 그러니 하루빨리 하버드가 소유한 중국의 유물을 반환해 주세요.

반환하라

무슨 소리? 분명 워너 교수가 정당하게 값을 치르고 사 온 것이라고! 자, 여기 영수증을 봐!

그 외에도 일본의 오타니 탐험대, 러시아의 세르게이 올덴부르크 역시

이 지역 탐사에 나서 많은 유물을 가지고 돌아갔습니다.

그들은 오늘날 탐험가, 고고학자라고 불립니다.

그러나 그 지역 사람들은 이들을 '유물 약탈자'라고 여기죠.

오늘날 실크로드 주변에서 발굴된 수많은 유물은 전 세계에 흩어져 있습니다. 영국 대영 박물관은 물론 프랑스, 러시아 등 13개국 43개 기관, 그리고 중국과 대만, 홍콩 박물관에도 소장되어 있습니다.

더욱 놀라운 건 우리나라 국립중앙박물관도 중앙아시아 유물을 소장하고
있다는 사실입니다.

20세기 초, 오타니 탐험대가
수집한 유물 가운데 하나로,
투루판 카라호자 베제클리크 석굴
벽화 일부이다.

오타니가 가져온 유물을 보관하고
있던 조선총독부 수정전 모습.
조선총독부는 자신들이 사용하던
경복궁에 유물을 보관하였는데,
패망 후 철수하면서 미처 가져가지
못하였다.

반달리즘

전 세계적으로 문화재 약탈 및 수집 사례는 헤아릴 수 없을 정도입니다.

그 역사 또한 오래전부터 있었습니다.

1794년, 프랑스 가톨릭 주교인 앙리 그레구아르(Henri Grégoire, 1750-1831)는 문화유산이나 예술, 공공시설, 자연경관 등을 파괴하거나 훼손하는 행위를 가리켜 '반달리즘(Vandalism)'이라고 부르기 시작했습니다.

앙리 그레구아르

반달족

20세기가 무르익으면서 전 세계적으로 약탈 문화재에 대한 관심이

고조되기 시작했습니다. UN 산하 유엔교육과학문화기구, 즉

유네스코(UNESCO, United Nations Educational, Scientific and Cultural

Organization)를 중심으로, 이에 관한 여러 협약을 제정하기도 했습니다.

그러나 강제성이 없는 협정인 까닭에 아직도 약탈 문화재 반환은

당사국 사이에 해결해야 합니다.

조사한 바에 따르면 우리나라의 경우, 현재 15만 점이 넘는 문화재가

해외로 유출되어 있습니다. 그 가운데 환수한 것은 만여 점도 채 안 될

만큼 문화재 환수에는 어려움이 있습니다.

우리가 소유하고 있는 중앙아시아 문화재 역시 언젠가는 반환해야겠지만,

지금 당장은 어려움이 있습니다. 본래 소유국가가 어디인지도 불분명하기

때문입니다.

다행히도 오늘날 국제사회에서는 다른 지역, 다른 나라의 문화재를

소유하는 일은 더 이상

있어서는 안 된다는 인식이

널리 퍼져 나가고 있습니다.

지금까지 살펴본 것처럼 실크로드는 단순히 고대에 탄생한 길이 아닙니다.

옛사람들이 필요로 하는 물자를 주고받는 교역로였고,

이웃과 교류하는 길이기도 했습니다.

또 새로 생긴 종교가 퍼져 나간 길이기도 했으며,

새로운 기술이 널리 전파된 길이기도 했습니다.

그렇게 번영을 누리던 실크로드는 중세로 접어들면서

점차 옛 영화를 잃어 갔습니다.

낙타를 이용한 교역 대신 배를 이용한 교역, 그리고 이후에는

기차 같은 새로운 문물이 그 역할을 대신했기 때문입니다.

21세기, 다시 열리는 실크로드?

한편 21세기에 접어들면서 새로운 실크로드를 이야기하는 사람들이
늘고 있습니다. 왜 과거에 있다가 잊힌 길을 되살리려고 하는 걸까요?
가장 중요한 이유는 동아시아가 빠르게 산업화하고 있기 때문입니다.
한국, 중국, 일본 등 산업화한 나라들이 생산하는 다양한 물자를
실크로드를 통해 중앙아시아, 나아가 유럽으로 전할 수 있다면
매우 효율적일 것입니다.

유럽과 아시아를 잇는 대륙횡단 철도를 유라시아 철도라 부른다. 2009년 17개 아시아 국가들이
협정에 참여하여 발효되었으며, 철도 부설은 화물 운송이 주요 목적이다.

또 다른 이유로는 중앙아시아에 새롭게 도약하는 나라들의 요구

때문입니다.

과거 실크로드를 이루던 지역에는 오늘날 카자흐스탄, 우즈베키스탄,

타지키스탄, 키르기스스탄, 투르크메니스탄 같은 나라들이 있습니다.

대부분 내륙국가인 이 나라들은 항구가 없어서 해외와 교류하는 데

어려움을 겪었습니다.

그런데 이 지역에서 풍부한 자원이 발견되었고, 뛰어난 노동력까지

갖추게 되었습니다. 그러자 이를 바탕으로 새롭게 도약하기 위해, 새로운

교역로를 모색하고 있는 것입니다.

이러한 계획에 대해 의문을 품는 사람들도 많습니다.

그러나 앞서 살펴본 것처럼 길은 필요하면 뚫리고,

필요가 사라지면 길 또한 사라집니다.

필요 없는 길을 억지로 만들려고 하면 무리가 따라서

결국 실패할 것입니다.

반대로, 필요하다면 아무리 막으려고 해도 결국 길은 뚫릴 것입니다.

오늘날, 세계는 과거와 비교할 수 없을 만큼 가까워졌습니다.

중국, 동남아시아, 멀리 있는 미국, 유럽에서 재배한 식재료들이 우리

식탁에 오르는 것만 봐도 알 수 있죠.

따라서 지구의 길들 역시 확대될 것이 분명합니다. 그러한 길은

지구상에서 함께 살아가는 사람들의 뜻과 의지, 행동과 종교,

신념과 문화를 이어 주는 역할도 할 것입니다.

그리고 그렇게 연결될 때 우리 지구인들은 전쟁보다 평화, 갈등보다는

화합, 배척보다는 포용하는 존재가 될 것입니다.

우리가 모두 그렇게 뜻을 모은다면 지구 곳곳에 새로운 실크로드가 열려

모든 이가 하나 되는 세상이 곧 열리지 않을까요?

참고 문헌

도서

《실크로드, 길 위의 역사와 사람들》, 김영종 지음, 사계절

《실크로드의 악마들: 중앙아시아 탐험의 역사》, 피터 홉커크 지음, 김영종 옮김, 사계절.

《실크로드 이야기》, 수잔 휫필드 지음, 김석희 옮김, 이산.

《실크로드 역사특급: 비단길에서 만나는 재미있는 동서양의 역사 이야기》, 강응천 지음, 탐.

《나의 문화유산답사기 중국편 1: 돈황과 하서주랑》, 유홍준 지음, 창비.

《나의 문화유산답사기 중국편 2: 막고굴과 실크로드의 관문》, 유홍준 지음, 창비.

《나의 문화유산답사기 중국편 3: 실크로드의 오아시스 도시》, 유홍준 지음, 창비.

《유라시아로의 시간 여행》, 임영애 외 5인 지음, 사계절.

《유라시아 견문 1: 몽골 로드에서 할랄 스트리트까지》, 이병한 지음, 서해문집.

《실크로드 사전》, 정수일 엮음, 창비.

《실크로드 문명기행: 오아시스로 편》, 정수일 지음, 한겨레출판.

《실크로드: 문명의 중심》, 프랜시스 우드 지음, 박세욱 옮김, 연암서가.

《지도와 그림으로 보는 실크로드 세계사》, 피터 프랭코판 지음, 닐 패커 그림, 이재황 옮김,
　　책과함께.

《실크로드: 7개의 도시》, 발레리 한센 지음, 류형식 옮김, 소와당.

《비단길에서 만난 세계사》, 정은주 외 2인 지음, 창비.

《총보다 강한 실: 실은 어떻게 역사를 움직였나》, 카시아 세인트 클레어 지음, 안진이 옮김, 윌북.

사진 출처

한국민족문화대백과사전: 10쪽.

위키피디아(Wikimedia Commons): 17쪽, 55쪽, 56쪽, 57쪽, 58-59쪽, 64쪽, 75쪽, 80쪽, 82쪽,
　　83쪽, 88쪽(왼쪽, 오른쪽), 89쪽.

동북아역사재단(nahf.or.kr/main.do): 61쪽.

국립민속박물관: 65쪽(오른쪽).

하버드 미술 도서관(library.harvard.edu/libraries/fine-arts): 91쪽.

국립중앙박물관: 95쪽(왼쪽, 오른쪽).

글 | 황동하

숙명여자대학교에서 학사, 석사, 박사 학위를 받았으며, 러시아사를 전공했습니다. 현재 전북대학교 고려인연구센터 학술연구교수로 재직하고 있습니다. 지은 책으로는 《필사적인 포옹: 독·소 불가침 조약(1939.08.23)과 소련 측의 동기 분석》《서양사》(한국지식지형도 3)(공저)《러시아는 우리에게 무엇인가: 유토피아에서 야만국까지 조선의 눈에 비친 러시아 400년의 이미지》(공저) 등이 있으며 옮긴 책으로는 《러시아혁명의 진실》《서구 마르크스주의, 소련을 탐구하다: 1917년 이후 비판적 이론과 논쟁으로 본 소련》 등이 있습니다.

그림 | 나수은

금속 디자인을 전공하고 일러스트레이터로 활동하고 있습니다. 그린 책으로는 《궁금했어, 뇌과학》《미래와 만날 준비: 더 나은 세상을 위한 기술철학의 제안들》《딱 한마디 수학사: 해답을 찾은 수학자의 말》《이렇게 고운 댕기를 보았소?》《별빛유랑단의 반짝반짝 별자리 캠핑》《10대를 위한 세균과 바이러스 이야기》《생각이 많은 10대를 위한 뜻깊은 세계사》 등이 있습니다.

일러스트와 함께 보는,
현재 그리고 미래를 살아갈
우리가 반드시
알아야 할 이야기!

세상을 바꾼 87km

셀마 대행진

박정주 글 | 소복이 그림
160쪽 | 13,500원

★행복한아침독서 아침독서 추천도서 목록(청소년)
★제21회 대한민국 독서대회 지정도서
★한국어린이출판연합 이달의 꼭 만나볼 책

빠르게 만들고
빠르게 버리는 옷의 비밀

패스트 패션

기획집단 MOIM 글 | 이해정 그림
104쪽 | 13,500원

★서울특별시교육청 강서도서관 추천도서

지도를 바꿔 버린
유럽의 식민지 전쟁

아프리카 쟁탈전

기획집단 MOIM 글 | 2da 그림
160쪽 | 14,500원

★고래가 숨쉬는 도서관 신학기 추천도서
★월간 책씨앗 4월의 추천도서

인류가 낳은
인류 파괴 BUTTON

핵무기의 모든 것

기획집단 MOIM 글 | 이크종 그림
176쪽 | 15,000원

★책씨앗 이달의 주목 신간(2023)

광고의 역사부터
애드테크까지

광고의 모든 것

김재인 글 | 위수연 그림
152쪽 | 15,000원

끊이지 않는 전쟁,
갈등, 외교를 이해하는 지름길

지정학의 모든 것

기획집단 MOIM 글 | 이크종 그림
144쪽 | 15,000원

★전국지리교사모임 추천